DATE:

DATE:

DATE:

DATE:

DATE:

DATE:

DATE:

DATE:

DATE:

DATE:

DATE:

DATE:

DATE:

DATE:

DATE:

DATE:

DATE:

DATE:

DATE:

DATE:

DATE:

DATE:

DATE:

Wherever You Go, There You Are

**Have a Great Day Today,
You are so Worth it!**

Habit Tracker

Month _____

Year _____

Day

1											
2											
3											
4											
5											
6											
7											
8											
9											
10											
11											
12											
13											
14											
15											
16											
17											
18											
19											
20											
21											
22											
23											
24											
25											
26											
27											
28											
29											
30											
31											

DATE:

DATE:

DATE:

DATE:

DATE:

DATE:

DATE:

DATE:

DATE:

DATE:

DATE:

DATE:

DATE:

DATE:

DATE:

DATE:

DATE:

DATE:

DATE:

DATE:

DATE:

DATE:

DATE:

DATE:

DATE:

DATE:

DATE:

DATE:

DATE:

DATE:

Wherever You Go, There You Are

**Have a Great Day Today,
You are so Worth it!**

Habit Tracker Month _____

Year _____

Day

1
2
3
4
5
6
7
8
9
10
11
12
13
14
15
16
17
18
19
20
21
22
23
24
25
26
27
28
29
30
31

DATE:

DATE:

DATE:

DATE:

DATE:

DATE:

DATE:

DATE:

DATE:

DATE:

DATE:

DATE:

DATE:

DATE:

DATE:

DATE:

DATE:

DATE:

DATE:

DATE:

DATE:

DATE:

DATE:

DATE:

DATE:

DATE:

DATE:

DATE:

DATE:

DATE:

DATE:

Wherever You Go, There You Are

**Have a Great Day Today,
You are so Worth it!**

Habit Tracker   Month _____

                                                     Year _____

Day

| 1 |
| 2 |
| 3 |
| 4 |
| 5 |
| 6 |
| 7 |
| 8 |
| 9 |
| 10 |
| 11 |
| 12 |
| 13 |
| 14 |
| 15 |
| 16 |
| 17 |
| 18 |
| 19 |
| 20 |
| 21 |
| 22 |
| 23 |
| 24 |
| 25 |
| 26 |
| 27 |
| 28 |
| 29 |
| 30 |
| 31 |

DATE:

DATE:

DATE:

DATE:

DATE:

DATE:

DATE:

DATE:

DATE:

DATE:

DATE:

DATE:

DATE:

DATE:

DATE:

DATE:

DATE:

DATE:

DATE:

DATE:

DATE:

DATE:

Wherever You Go, There You Are

**Have a Great Day Today,
You are so Worth it!**

Made in the USA
Monee, IL
22 May 2020